Hellmuth Opitz · Die Sekunden vor Augenaufschlag

„Das Augenaufschlagen ist die erste Verletzung", hat Ludwig Fels einmal gesagt. Was sind dann „Die Sekunden vor Augenaufschlag"? Sind es die letzten Momente eines Traumes? Einer Schonfrist? Oder einer Lüge, bevor sie auf dem harten Boden der Wahrheit landet? Eines lässt sich mit Sicherheit sagen: Diese Gedichte sind etwas für Leser mit offenen Augen. Störrisch sinnhafte Reizgedichte, flimmernde Schwebestoffe, Nervenstimulanzien, kurz: Gedichte, die man ebenso gut sehen wie lesen kann. Voller Leichtigkeit, intimer Melancholie und hintersinniger Komik – und immer wieder diese Bilder, die einleuchten im wahrsten Sinne des Wortes.

Pressestimmen:
„Die scheinbare Leichtigkeit und Direktheit seiner Gedichte ist kunstvoll hergestellt."
Michael Braun, Lexikon der deutschsprachigen Gegenwartsliteratur

„Was am meisten für ihn einnimmt, ist die Macht seiner Bildsprache."
Matthias Politycki, Frankfurter Rundschau

Man muß sich beeilen, wenn man etwas sehen will, alles verschwindet.

Paul Cézanne

Aus diesem Licht könnten Lachse springen

Achtet mir auf die Details, sie sind nicht ohne Wert.

Friedrich II. von Preußen

Winterschlußverlauf

Alles muß raus. Mäntel,
Handschuhe, Schneeglöckchen.
Mild treibts der späte Januar:
verschleudert Autos an
Kurven und wattierte Jacken
an den meistbietenden Sturm.
Von weiter unten, tief aus
dem Süden des Übermuts
zieht schon das erste
Hochdruckgebiet Richtung
Mundraum. Doch die
Winterware des Herzens
bleibt hinter den Zähnen
vergraben, jedes Lächeln
ein Friedhof. Tulpen
platzen heraus.

Nur auf Nichtgesagtes
ist jetzt noch Verlaß.

Nordseewinter

Mitten in meinen Schädel platzte das
Meer, befreit aus seinem engen Bett,
ausgebrochen aus der Anstalt von Ebbe
und Flut, die reine Tollwut schoß
über die Promenade und ließ zwei Autos
mitgehen. Das Excelsior erhob Einspruch,
mit einer einzigen Bewegung seiner Hand
schnitt ihm ein Brecher das Wort
ab, wischte Tische und Stühle beiseite
und rollte und rollte an meine
Schläfen. An Schlaf war nicht zu denken.
Mein Kopfschmerz hämmerte
Dübel in die Dämmerung, um ein Bild
aufzuhängen, auf dem ein Irrer
tobt und schäumt und den Beton
bezweifelt, den man ihm entgegenhält.

Auf einen Wink erhob sich der Wind,
sein Komplize, die Steppdecke der Wolken
weit von sich wirbelnd fuhr er in die
Fahnen. Alle Masten machten einen Knicks
vor ihm, als er sich den Himmel unter den
Nagel riß, den Mond, der wie ein Scheibchen
Zitrone in einem dunklen Drink versank.
Sogar die großen Hotels schwankten auf dem
Heimweg im Lichtkegel des Leuchtturms.
Noch ehe eins von ihnen lang hinschlagen
konnte, hatte jemand den Winter angerufen,
der kam mit Männern in weißen Kitteln,

kalten Umschlägen und Eiszäpfchen. Da ließ
es nach. Ein paar Gischtflocken aus Lärm
noch, ein letztes Aufbrausen.
Dann war die Welt ruhig gestellt.

Am nächsten Morgen durfte ich sie besuchen:
Links das Meer, mürrisch vor sich
hinmurmelnd, tief versunken in seinem
Hospitalismus des Anrollens und
Abrollens, daneben die Stadt in ihrer weißen
Zwangsjacke, besinnungslos lächelnd
der Wind: Man hatte ihm Schirme zum Spielen
gegeben und Papierkörbe. Als ich ihm einen
Gruß zurief, winkte er aus heiterem Himmel
zurück. Nur mein Kopfschmerz blieb ernst und
schweigsam und hartnäckig: nicht löslich in
Tränen, Wellen, Windstärke elf.

Teestunde mit Schlachtschiffen

In der Lichtwirtschaft schenken sie kurze Klare aus.
Wenn ich das sage, meine ich Wintertage
mit Himmeln, die dir folgen mit den Augen
von Huskies. Tage, eiskalt serviert in beschlagenen
Gläsern, die sich nur Kopf in den Nacken
hinter die Binde des Horizonts kippen lassen.

Währenddessen ragt vor dir die schneeweiße
Wand eines Schlachtschiffes auf. Oder willst du
dieses norddeutsch geschnittene stolze Stück
etwa anders nennen als die Bismarck aller
Sahnetorten? Schau, wie ihr schnittiger Bug
die dunkelgrauen Wellen des Nachmittags teilt.

Später, wenn der Frost die Nächte mit einem
Vollmond frankiert, um dir seine kältesten Grüße
ins Herz zu schicken, wird die See ruhig sein und
glatt. Ein Porzellanteller. Kein Wellenkräuseln.
Die Bismarck wird dann verschwunden sein, versunken
unter den pausenlosen Angriffen der Kuchengabel.

Hamburger Weltmärz

In den letzten Tagen des Winters, da trug die Außenalster noch einen Kragen aus schmutzigem, fast ausgemärzten Schnee und manchmal bildete der Morgennebel eine Milchhaut an ihren Rändern. Es war, als sei die Stadt auf einen ungeheuren Eisberg an Traurigkeit gelaufen. Die Passagiere bewegten sich synchron, erschrockene Schwärme winziger Fische, einsilbig und grau, darunter auch wir in jenen letzten Tagen des Winters. Genau genommen wars weniger ein Rammen, mehr eine Explosion der Traurigkeit, mit einer Druckwelle so stark, daß sie uns durch die Drehtür der vier Jahreszeiten schleuderte. Sofort stürzten Männer herbei und nahmen uns die Mäntel ab und führten uns in eine Lobby oder Lounge. Jedenfalls in einen dieser wunderbaren Räume, die mit L anfangen, weil man in ihnen so gut lungern kann. Wir betraten einen Saal, beinah so groß wie ein Schicksal. Inseln trieben darin aus gedämpftem Licht, Tischchen aus matt poliertem Palisander, zwischen denen flinke Ober hin- und hersummten. Die Luft war erfüllt von leise zirpenden Gesprächen. Doch uns war es gleich. Denn wir, wir sanken in diesen riesigen Nachmittag, sanken, bis die Polster pazifikblauer Sitzmöbel sanft über uns zusammenschlugen.

Schlechte Laune vor reizvoller Landschaft

Nun stemmt sich nach dem Breisgau
noch der Schwarzwald ins Zugfenster,
das nächste Landschaftsflittchen wölbt
seine Schönheiten vor, übersät
von Tannen, Luftkurorten und diesen
herrgottsgeschnitzten Häusern, die wie
Kuckucksuhren an den Hängen kleben.
Wieviel Gegend dieser Sonntag aufbietet,
mich milde zu stimmen! Doch nichts
hilft. Nicht die idiotisch bunten Trikots der
Radler, die an allen Straßenrändern blühen,
nicht die Herzschrittmacher, die emsig
die Wanderwege hinauftickern, nicht die
Apfelplantagen, die Sägewerke und Seen.
Ja, nicht einmal die Kellnerin, die gerade
Kaffee serviert und mir mit den Augen
ein Lächeln zusteckt, mir und dem Japaner
am Tisch nebenan. Ein Lächeln wie aus
dem Gesicht geschnitten, ihrem Gesicht,
der benutzerfreundlichen Oberfläche für
jeden hergelaufenen Blick.

Wach werden in Wismar

Durch das dicke Futter
                des Schlafs
        tasten sich die ersten
    Vogelstimmen
                zarte Spritzer
auf der noch durchsichtigen
        Schallfolie
                des Morgens
von fern stottert ein Moped
    seine Liebeserklärung
            an die verschwiegene
        schüchterne Luft
dann zwitschern schon
                die Handys
    aus den weit verzweigten
        Hotelfluren
    gedämpft von
        knöcheltiefen Teppichen
und nur Sekunden später
        kurz nach Augenaufgang
fliegt ein Pärchen
            Kampfjets
        quer durchs Blickfeld
                Richtung Ostsee
lötet Schweißnähte
        in den Himmel
            fertig die Hitzeglocke
    die uns dröhnend
        zum Frühstück läutet.

Ultra Marin

Ein Tag im Mai am Meer.
Ein Mai im Meer am Tag.
Ein Meer am Tag im Mai.
Wie dem auch sei, es ist doch
jedes Jahr dasselbe und du
bist jedes Mal dabei: Von einem
Tag zum andern duzt dich
der Mai mit einem Schwall von
Apfelblüten, Schaum und Flieder
und du begegnest ihm wieder
mit nichts als diesem Strauß
dürrer Worte, abgefingerte Orte,
durch die der Mai ganz nebenbei
fette Hummeln taumeln läßt.

Allein der Rest von Morgenlicht
heut morgen hätte ein Gedicht
gebraucht und nicht dies
Gebrauchtgedicht, das schon
erschrocken innehält und lauscht,
wenn ein Bikiniträger von
irgendeiner Schulter fällt und
durch die Brandung deiner
Blicke rauscht. Die Hitze tauscht
doch jeden deiner Sätze in
kräftigere Farben um.

Warum sonst backt sich der Mittag
einen Strand aus Zuckersand und

halb zerstoßenen Muschelschalen?
Sag, welche deiner Sprachen kann
das malen, wie die Sonne auf
den abgeplatzten Lack
der Cafétische brennt? Das Meer
rollt den polnischen Akzent des
Kellners in immer glattere Steine.
Jetzt erst kommt der Tag
mit dir ins Reine. Er übertreibt
halt gern, wenn man ihn läßt.
Mit weißem Faden näht
ein Flugzeug
den blauen Himmel fest.

Der August und andere Zierfische

Quecksilbermorgen
und ich wette
aus diesem Licht
könnten Lachse springen
oder Tage, die mit
trägem Flossenschlag
dahingleiten: Engelsfisch
Feuerfisch Kugelfisch.
Alle fächeln dir Erfrischungen
zu, doch es kühlt kaum
den Kopf, wenn der Wind
mit gespreizten Händen
durch die blonden Felder
fährt, die Gelbsucht des Weizens.
Denn wir, wir stecken doch
in diesem Nichtstun
wie kandierte Früchte.
Die Hitze knackt das Hirn
und was kommt zum Vorschein?
Eine sonnengereifte Wehmut.
Was ist das bloß für ein
Stickstoff, der uns durch
die Kiemen perlt?
Wir treiben Bauch nach oben
in den Liegestühlen, alles
in der Schwebe nichts
von Bedeutung. Und knallte
der August nicht wenigstens
ab und zu mit den Türen,

brüllte er uns nicht nächtens
aus den Betten im Befehlston
des Gewitters: Verpraß den Sommer,
solang er noch warm ist!
Ich kaufte mir eine Fernbedienung
für mein Leben und drückte auf:
Fast Forward.

Zeitlooping

Jemand hat einen Nylonstrumpf
über den Morgen gezogen,
hat Bäume, Wiesen mit einem Bogen
feinster Haut bespannt, hat sie verziert,
hat auch die Straße umbenannt
in eine kleine Laufmasche, die
geradewegs ins Ungefähre führt.
Mit vorgehaltenem Herbst (und nicht zu knapp)
will sich der Montag die Stunde wiederholen,
die ich ihm sonntags gestohlen hab'.

Das Schädelscheppern beginnt bereits Schlag sieben.
Kann mich heut' bitte jemand durch den Tag schieben?

Allein schon sehen zu müssen
wie die eigene Hand aufbricht
zu einer langen Reise zum Henkel
dieser Tasse Tee. Und wenn sie ankommt,
(oder nicht) so zitternd, leise wie nach
einem weiten Weg durch tausend
Meilen Schnee. Auf der Autobahn
kein Stau. Vorbei an Windparks,
riesigen Propellern, die quirlen die Luft
damit das Licht anspringt, schau:

Sogar der Himmel wird von Rädern künstlich
angetrieben.
Kann mich heut' bitte jemand durch den Tag schieben?

Wohin mein schwarzer Audi mich
verreist, ich weiß es nicht. Kaum
bricht der erste Lichtstrahl durch die trübe
Wolkenlauge, da flattert etwas vor
der Windschutzscheibe. Es ist ein
Pfauenauge, spät dran dies Jahr.
Ich reibe mir das müde Augenpaar
und halte inne: Pfauenauge vs.
Windschutzscheibe? Ich setze auf die
Windschutzscheibe. Und gewinne.

Beflügelt war einmal. Ich fühl mich wie der Falter:
aufgerieben.
Oder sind Kopf und Körper am Ende nur zu brav
geblieben?
(Und wenn das stimmt):
Kann mich heut' bitte jemand in den Schlaf lieben?

Amrum, Teehaus Burg

Auffrischender Wind
von allen Seiten
fliegen Fahrräder heran.

Komm unters reetgedeckte Dach
dieses Abends, es singen
die Austernfischerchöre

und im offenen Zeitfenster
geht freundlich auf
der Pfannkuchenmond.

Lehrerinnenpärchen brüten
über schweren Entscheidungen
eifrig rucken die eisgrauen
kurzgeraspelten Köpfe.

Hier drinnen eine Auswahl
an 27 verschiedenen Tees,
auf der Karte draußen
nur ein einziges Gericht:

Opalfarbenes Licht
an schmalem Küstenstreifen.
Und dazwischen nichts

als eine grün gestrichene
Membran mit Butzenscheiben:
die Tür zum Meer.

Unbehandelte Sehnsucht

Syben Mynchener Lybesgedychte

I can handle whatever I stumble upon,
I don't even notice she's gone,
most of the time.

Bob Dylan

Bavariaring

Komm geh mir weg
mit München, rief es
aus diesem ostwest-
fälischen Schädel
im ersten Brustton
der Enttäuschung, komm
geh mir weg mit
diesem Fleißfleck auf
blauweißem Hemd,
diesem sauber geleckten
Vorstadtbild, dieser
Vorbildstadt, wie fremd
willst du mir werden?

Doch dann hab ich dich
gesehen und deine Augen
waren längst abgereist,
in ihren Blicken sah ich
schon das Schlendern
in Schwabing, ich sah
das Mailandflimmern
am Horizont, die ganze
Alpenseensucht.
Ja, Herrschaftszeiten
deiner Zukunft sah ich
und rief: Komm geh
mir weg nach München!

Isarbrücken

Wenn es stimmt
was geschrieben steht
dass wir den Frauen
die wir geliebt haben
nie wieder begegnen
können, weil sie nicht
im Raum gelebt haben
sondern in der Zeit,
was mach ich dann hier?

Warum schau ich mir an,
wie sich die Isar in die
Kurven legt, unten am
Volksbad, wie sie den
weißen Kies umarmt
und schäumt, wenn
sie unter den Brücken
hervorschießt, grüner als
die Nacken der Stockenten,
die auf ihr hinwirbeln
wie Fragezeichen.

Weshalb steck ich mit
diesem Nachmittag in
einem Hemd, einem
Nachmittag, der den
Durst dich zu berühren
mit lockerem Schneefall
überbrückt. Und weshalb

bin ich bereit, in der
Zwischenzeit jede Flocke,
die mein Gesicht nur streift,
für deinen Kuß zu halten?

Arcisstraße

Zuhause schwärmen die Straßen
immer noch von deinem Gang.
Melanchthon, Humboldt, Werther
liegen lang und lauschen, als
könnten sie noch immer deine
Schritte in Geräusche tauschen.
Wie hast du ihre Stille
mit deinen scharfen Schuhen
einst zerfetzt. Wie ist das jetzt
in München, der Hauptstadt
der Bewegung, bei leichtem Wind
an ersten Frühlingstagen? Platzt
der Erregung nicht öffentlich
der Kragen, wo Straßen und Plätze
katholischer sind und die
Namen von Heiligen tragen?
St. Anna, St. Martin, St. Bonifaz
knien nieder in diesem gebundenen
Licht und beten, damit sie
nicht über die Ufer treten, wenn
du vorbeigehst mit diesen herrlich
dünnen und wie die Tage immer
länger werdenden Beinen. Oh,
seufzen da Melanchthon & Co.,
Objekte im Rückspiegel sind
näher als sie scheinen.

Hohenschwangau

Frühmorgens fuhr mein Finger
über die Karte deines Körpers
wie ein Fürst über seine
Besitztümer, reiche Ländereien
aus Feldern, Hügeln und Höfen.
Manchmal hielt er inne, zeigte
auf etwas, sagte Dinge wie:
Die reinste Landschaftsarchitektur.
Oder: Diese Bucht gehört mir.
Über all dem ging dein Gesicht
auf, angefeuert von Kichern und
Seufzern. Und weiter unten im Tal
zwitscherten die Kniekehlchen.

Marienplatz

Marzipanschnitte Münchens,
ausgerechnet hier sind wir
verabredet, im Knicklicht des
Nachmittags, inmitten der
schwankenden Blicke von
Canons, Nikons, Minoltas.

Ja, da hinten, das bin ich
der dunkle Flecken Ungeduld
in den Linsen der Touristen
aus Milwaukee oder Osaka.
Ich bin der Sucher, der dich
nach langem Warten findet.

Ein Motiv aus nachgeahmtem
Pelz und roten Cowboy-Stiefeln.
Ach, wenn meine Augen zeugen
könnten, du kämst übern Platz wie
damals durchs Zimmer mit nichts
als einem Handtuch als Turban.

Englischer Garten

Loverhagel, sagst du, es hagelt Lover.
Knüppel dick prasseln die Liebhaber
auf dich herab, Knie tief watest du in
Anbetung, Rock hoch: Es regnet
geile Blicke mitten in München, ein
Schauer von Namen geht nieder
in deiner wörtlichen Rede, doch all
das trommelt an meinen Ohren vorbei,
denn ich habe nur Augen für die zwei
feinen Fältchen um deinen Mund,
diese kleinen Anführungsstriche um
alles, was du sagst.

Stachus

Hab mir die Sprache bayrisch gebrochen.
Hab dir zu oft aufs Band gesprochen.
Bin wie auf Knien durch die Echtzeit gekrochen.
Hab mir die Augen blutig gestochen
(am Stachus, wo sonst?).

Hab mein Vermissen vermessen wollen
in Raum oder Zeit, Schmerz oder Sprache
Hab oft an dich denken müssen:
An das Vermissen und das Vermessen
(und bin darüber beim Vergessen gelandet).

Elefanten im Paul Celan-Laden

Man kann das Gedicht als das Unübersetzbare definieren.

Gottfried Benn

Am Rande des Sagbaren

Dichter, schwankend in seiner Stammkneipe
„Zum lyrischen Mittelstand"

He!
Ein Satz
   zu euch, ihr Erdschieber des Sprachmergels, ihr
Tonangeber, immerzu schürft ihr im Geröll tauber
Vokabeln, ruckende Caterpillars im Steinbruch, den ihr
Gedicht nennt. Aber so fein ihr auch siebt, niemals wird
auch nur der winzigste Splitter Schönheit auffunkeln in
diesem toten Gestein, das ihr auftürmt zu mächtigen
Werken mit Namen wie *Sprechzonen I-XX,* Sätze wie
Auffahrunfälle, wie Avantgarde-Konzerte für Schlagzeug,
Handfeuerlöscher und sechzehn nepalesische
Krummhornbläser, n-e-r-v-e-n-z-e-r-f-e-t-z-e-n-d, doch

Halt!
Ein Satz
   auch zu euch, ihr Wortflüsterer, wo wollt ihr denn hin?
Euch hab ich gern, wie ihr euch herumdrückt am Rande
des Sagbaren mit diesem Schilfgewisper, den
Knackslauten und dann: das Zischen der Gaumenspalte,
so klöppelt ihr eure Gebilde zusammen, Poesie als
palatales Handicap, Schicht für Schicht aus dem
Kehlkopf geschabt wie Carpaccio-Scheibchen. Wer soll
das entziffern, diese Wandmalereien von
Mundhöhlenbewohnern, ihr könnt mich mal

Moment!
Ein Satz

zuguterletzt auch zu euch, ihr Starallyriker, was gibt es
da zu lachen im Wissenschaftskontor? Ja, glaubt ihr
denn, nur weil ihr Vogelbälger aus dem Archiv holt
(Rotkehlchen, Blaumeise, Goldammer), euer Gedicht
bekäme mehr Farbe im Gesicht? Schaut mal was da steht:
ein ausgestopfter Piepmatz. Das ist eure ganze
hingeschemelte Existenz. Klar, dass ihr da viel vom Tod
redet, doch das ist nur geliehenes Leid, die Reibefläche
eines fremden Schicksals. Was also sollen die
sehnsuchtsvollen Blicke von Seinebrücken oder vom
Dach des Grand Hotel Krasnapolsky in Amsterdam?
Auch das nur eine Fortsetzung des Stage Diving mit
anderen Mitteln. Es geht ganz einfach. Anlauf nehmen
und dann

He!
Ein Satz.

Herunter
Kommen

Herunter kommen sie immer
ganz gleich, ob Gott oder Dichter.
Der eine mit eingeborenem Sohn,
der andere mit eingebildetem Schmerz.
Herunter kommen sie immer.
Verzweifelt am einen der Glaube,
verzweifelt am andern die Sprache.
Das Herunterkommen bleibt ein
und dasselbe. Mal gehorcht es
dem Gesetz der Schwerkraft, mal
dem Gesetz des Leichtsinns.
Sagt der eine: Dies ist mein Leib.
Sagt der andere: Und dies ist mein Leid.
Heruntergekommen sind beide,
wie alles herunterkommt, was
nicht mehr geliebt wird. Die innere
und äußere Verlotterung nimmt zu.
Am Anfang war das Wort, dann
wuchs ihm ein Bauch, jetzt platzt
alles nur noch heraus: Das Futter
aus der Jacke, das Kinn aus dem
Kragen, ja auch der Dichter platzt
heraus mit der Antwort auf die
unerhörte ungefragte Frage,
warum er so fett geworden sei:
Mein Körper ist immer noch
ein Tempel. Nur daß jetzt mehr
Gläubige Platz darin finden.

Preußische Lautverschiebung

Einmal
die Sprechkorken knallen lassen oben
auf dem Killesberg, beim Blick hinunter
in den Stuttgarter Kessel.

Einmal
das Gaumensegel knattern lassen im
Wind der Reibelaute, mitten in die Nacht
dies Guts Nächtle hinein auf

Einmal
die Sehnsucht nach Offizierskasino
preußischem Adel, wo vor Prinz Emil August
römisch zwo aus dem Hause Knarz-Knarz ältere Linie
die Verschlußlaute die Hacken zusammenschlagen.

Aber
was hilft's: Am Neckar da stehen
die Schwaben und lutschen die
Konsonanten weich.   .

Nachtflug

bei ausgeschaltetem Textpilot
das Gesicht erhellt vom
  matten Dimmer der Instrumente
das Gedicht aber liegt im Dunkeln
  tausendmeilenweit voraus
während die Datenkolonnen
  über den Monitor huschen
    zeichnet die Blackbox auf
den regen Funkverkehr
  zwischen Reiz und Nerv.

Dann heißt es warten
  bis ein flickernder Impuls
    die Kabelstränge entlang läuft
  die kriechenden Empfindungsströme
  in den Nervenneonröhren bis schließlich
die Synapsenbeleuchtung anspringt
dann kommen Nachtfalter
  die die Nacht falten
    zu kleinen flatterhaften Worten
ihr Flügelschlag kaum spürbar

Angelockt
   vom Leuchten schwirren sie
      im Cockpit des Schädels umher
flattern hinunter zum Frachtraum
         der Sprache
            doch wehe da glimmt nur
      das trübe Standby-Licht der Armaturen
         das erschöpfte Blau
      geschwollener Stirnadern:
         dann kriegst du die Motten.

Anwenderfehler

Manchmal aber,
mitten im Dröhnen
der Triebwerke
großer Sätze,
ein plötzlicher
Strömungsabriß
hinter Worten wie
Innovation oder
Synergie und dann,
für einen Moment
reiner Panik, in dem
die Leere zum
Zerreißen gespannt ist
zwischen den Ohren,
also kurz, bevor das
Trudeln einsetzt,
die Ahnung:
Da ist nichts
was trägt, kein
Netz, das auffängt.
Und dann schießen
die Worte vom
Katapult der Zunge
noch einmal hervor
wie Tontauben, dann
segeln die Potentiale,
segeln durch Erwartung
und Hoffnung
und dann fallen sie,

fallen durch alle
Headsets und
Mobiphones,
durch Displays und
Webcams, fallen durch
Homepages und
HiScreens, durch
alle Arbeitsspeicher
fallen sie und dann
schlagen sie auf:
als herunterladbarer
Klingelton einer
einstigen Zuversicht.

Über die Sortenreinheit von Weltbildern

Vergiß das große Ganze,
wenn es dir schon den Tag verdirbt,
daß dieser Braeburn-Apfel, den du dir frisch gekauft
beim ersten Biß enttäuschend mehlig schmeckt,
ja, mehr noch: eine braune Stelle offenbart,
die, nicht zu sehen auf den ersten Blick,
verhüllt war unter rot gewachster Schale.

Genau an diesem Apfel
hättest du die Welt erklären können
wie du sie siehst, vergammelt bis ins Mark,
das Kerngehäuse nur der Ursprungsort
verrotteter Ideen und Religionen
und erst das Fruchtfleisch: ein Beweis
für die Faulheit des Denkens.

    Doch du murmelst immer
    nur von Fallobst aus Neuseeland,
    von Druckstellen, fruchtlosem Rumgeschiebe
    auf globalen Schiffahrtswegen.
    Wie sähe sie denn aus, die Welt als Wille
    und Vorstellung, als Kritik
    des reinen Apfels, wie du ihn magst?

Kraftvoll, sagst du, fest im Biß,
auch saftig, gar erfrischend säuerlich,
das Fruchtfleisch gelb, so fährst du fort
und winterhart, in schlechten Zeiten
im Keller gut zu lagern, doch halt.
Komm, red nicht weiter. Ich kenne sie,
die Sorte deines Weltbilds: Boskop.

Der aufgeschnappte Satz

Und der eingeschnappte Blick
des Museumspädagogen, der
einer Schar Schüler erläutert
die Bilder von Rembrandt
und Caravaggio im Vergleich,
der etwas erzählt von
zeitloser Kunst, dem Faltenwurf
der Ewigkeit und ihrem
erdrosselten Rotkehlchenrot.

Und dann der Verteidiger
des Moments, ein Junge
mit Kapuzenjacke,
rücklichtroten Turnschuhen
und störrischem Haar, der
aus der Menge tritt und
einfach dazwischen ruft:
Stirb du schon mal vor,
ich komme dann nach.

Die Klinge eines einzigen Satzes.
Und wie das Lachen darüber springt.

Einmarsch der Elefanten

Dichtung hat Tag der offenen Tür.
Da werden Sätze entriegelt, Wortverschlüsse
schnappen auf. Sogar die Hermetik
löst die zwei obersten Knöpfe ihrer Bluse.

Herein treten die Tonangebenden, die Durch-
gepeitschten, die Schwierigkeitsverwalter
der deutschen Sprache. Ihnen folgen
die Vereinigten Zulieferbetriebe
Physik, Chemie, Biologie, Mathematik,
im Arm die großen Folianten, daraus die
Selbsternannten ihr Sprachgeröll schürfen.

Sie dürfen nur nicht anecken, da stürzen sie
sonst. Da stürzen sie mit einem einzigen
Schwenk ihres Hinterns Regale um
und die Vitrinen mit den Mandelbäumen
nehmen Schaden. Und spätestens dann
weiß es jeder: Die Trampel sind los,
die Trompeter mit den Folianten,
Elefanten im Paul-Celan-Laden.

December Tapes

Ich bewundere die Glaubwürdigkeit der Kraft, die erforderlich ist, um vor einem Ereignis in die Knie zu gehen.

Harold Brodkey

Die Stimme von **Dom Diciembre** reibt die Stille auf wie Parmesan, als er an den Tisch tritt, sich vertraulich herüber lehnt und fragt, wie es geschmeckt hat. Was aber sagen zu einem Jahr, das so nicht auf der Karte stand? Zu einem Sommer, der mit keinem Tropfen die Kehle erfrischte, so oft man mit der Zunge auch über sein Fruchtfleisch fuhr? Also lauschen wir dem Raspeln der Stimme und löffeln die Kaltschale aus Nieselregen, die es als Nachtisch gibt. Und wir loben Dom Diciembre, was das Zeug hält, denn sonst holt er sein Akkordeon heraus, steckt sich eine Zigarette in den Mundwinkel und spielt Marlene-Dietrich-Chansons. Er sagt, sie sei in seinem Namen geboren und entblößt dabei lächelnd seine Zahnlücke, während ihn Motten umschwirrn wie Frauen das Licht.

Die Erschöpfung, mit der **Mr. December** aus seinem Hemd schaut, als sei er auf einem zugefrorenen See eingebrochen, ein Ertrinkender, um den Hals einen Kragen aus Eis. Aber was soll er auch anderes tun als die Schultern hochziehen unter dem Prasseln der Schicksalsschläge? Erst verfüttert seine Tochter ihr Hirn an Trips, dann wirft das zu Ende gehende Jahr den Körper seiner Frau einer Krankheit vor, die wie ein wildes Tier den Käfig der Rippenbögen entlangläuft. Er kann nur zusehen, wie sie schläft und immer kleiner wird in diesem von spanischen Wänden umstellten englischen Hospitalbett. Wie es nach Reiniger riecht auf dem Flur, nach Medizin und Multivitaminsäften. So riecht der Tod. Nach Sauberkeit und Gesundheit. Kaum kippt der Nachmittag eine Kanne Licht um, wischt schon die Nacht hinterher mit ihrem schwarzen Lappen.

Signor Dicembre lebt von Frauen und er lebt nicht schlecht. Zweifarbige Schuhe trägt er und Anzüge von Canali Milano. Die Frauen lieben die Art, wie er die Armbanduhr löst und sein Handgelenk reibt. Er mag besonders die älteren, weil er ihnen nichts vormachen kann. Deshalb verwendet er so viel Mühe darauf. Wie er sie vor dem Schneeregen abschirmt, ihnen aus dem Mantel hilft oder Wein einschenkt. Er verteilt nur wenige Komplimente. Aber die sitzen. Selbst im Hotelzimmer kommt keine Verlegenheit auf. Wenn er ihre nackten Schultern küßt und ihre Brüste aufmuntert. Manchmal sieht er ein Glitzern in ihren Augen. Immer dann, wenn ihm ihre Namen – mia Emilia, mia Francesca – von der Zunge springen wie sie selbst einst die Treppen hinabsprangen in leichten Sommerkleidern, als sie noch glaubten, etwas Verrücktes zu tun.

Herr Dezember ist Frührentner und Spätaussiedler. Er hat sich seine Augen einst in kasachischen Kohleminen aufgeschürft. Noch heute sind sie hell wie die eines Schlittenhundes, nur haben ihnen trübe Jahre und klare Schnäpse einen Stich ins Gelbe mitgegeben. Frau und Kinder sind längst fort. So verbringt er seine Sonntage gern im Trainingsanzug und Hausschuhen, mit denen er über die Straße schlurft, wenn der BMW-Händler Tag der offenen Tür hat. Dort schaut er sich Autos an, für die er kein Geld hat, steht mit anderen am Bierstand, schwenkt das Glas und schimpft. Dann rollt er das R im Mund, als sei er Väterrrchen Frrrrost persönlich, während sich neben ihm, an der verlassenen Kinder-Hüpfburg, die Regentropfen am Sims sammeln und zittern, bevor sie lautlos in den hellgrau gesprenkelten Nachmittag fallen.

Fast nie erzählt **Towarisch Decjabre** vom Krieg. Vielleicht, weil er Nahkämpfer war in den matschigen Straßen von Grosny, in den Häuserblocks, wo man nie wußte, ob es Schnee war, der fiel, oder das Weiße im Auge des Feindes. Er weiß nicht mehr, wie viele durch ihn starben. Er sagt immer nur, daß er Glück gehabt hat. Erst später, weit hinter der Front, geriet er in feindliches Nadelgewitter. Die Einstiche zogen sich von den Zehen bis hinauf zu den Ellbogenbeugen. Doch auch diesen Kampf hat er gewonnen. Heute springt sein Schnappmesser flink wie eh und je von einer Hand in die andere, während er vielsagend den Mund verzieht auf die Frage, was ist, wenn einer nicht zahlt.

Monsieur Decembre liebt das Geräusch, wenn der Reißverschluss wie eine Katze schnurrt beim Schließen des Neopren-Anzugs. Diese Reibungslosigkeit, die bis unters Kinn reicht. Und dann heißt es Warten. Warten auf die Welle. Die eine Welle, die ihn auf ihre Schwingen hebt, die Welle, die ihn trägt, minutenlang, das 15-Meter-Ding, das ihn richtig mitnimmt, the bigwave, wie er dieses Surferwort französisch weich biegt im Mund, so leicht wird er the bigwave nicht weich biegen können mit dem Brett, hier draußen am Belhara-Riff, wenn ein Wind Stärke acht die Schüssel der Biskaya schwenkt und das Meer auffaltet. Es kommt darauf an, den Moment zu erwischen, den Augenblick, wenn der Kamm noch steigt, kurz bevor die Welle bricht. Brich sie, bevor sie dich brechen, stand über dem Eingang des Surfshops, wo er sein Board kaufte. Genau diesen Satz nimmt sich jetzt ein Brecher zu Herzen, der mächtig ausholt, während Monsieur Decembre gerade ganz in Gedanken versunken ist.

Vor wenigen Monaten noch konnte ein Fingerschnippen von **Mijnheer December** Millionen bedeuten. An der Börse. In Amsterdam. Jetzt kann er diese tote Pfote, die abgeknickt wie eine Seehundflosse an ihm hängt, aus eigenem Willen keinen Millimeter bewegen. Auch die Sprache hats ihm verschlagen, seit jenem frühen Dienstagmorgen, als die Kurse aus Tokio auf seinem Laptop flimmerten. Plötzlich fiel er vornüber, zwei Stunden später fand ihn die Putzfrau. Nun ist er eingebettet in die Routine, mit der das Pflegepersonal die Kissen aufschüttelt. Ihn füttert. Ihn wäscht. Wie einen der Resopaltische in der Caféteria. Diese geschäftige Ruhe. Nur noch seine aufgerissenen Augen erzählen etwas von der Plötzlichkeit dieses Schlages. Als habe ihm der Tod an jenem Morgen seinen Besitzerstempel ins Gesicht geprägt und zum Schicksal gesagt: Können Sie ihn bitte für mich zurücklegen? Ich hole ihn später ab.

Da oben auf der Kanzel, in der Riddarsholmkirche zu Stockholm, das ist nicht **Herre December**. Das ist ein automatischer Segenspilot, der da die Arme ausbreitet, als könne er fliegen. Früher war Herre December wirklich ein Pilot in der Kanzel. Sicher inmitten der Geleitworte, der Commodore eines Geschwaders von Bibelzitaten, getragen vom Aufwind eines Glaubens, der nun plötzlich abgerissen ist. Er lebt schon längst nicht mehr in diesen Platzhalter-predigten, den Gebrauchtgebeten, dieser Second-Hand-Seelsorge oder dem schnell gezückten Trost beim Trauer-fall in der Familie. Bloß einmal, als an einem besonders klaren Tag die Sonnenstrahlen durch die Kirchenfenster fielen und über den Altar liefen, hielt er sie einen Moment lang noch mal für die Suchscheinwerfer Gottes.

Die Hitze ist nichts für die Haut von **Gospodin Prosinac**. In der milchigen Sonne liegt die kroatische Küste da wie eine aufgeklappte Muschel. Nachmittage aus Perlmutt. Er reibt sich seine rotgeschälte Nase, neben ihm sein Freund. Auch bei ihm zieht sich das trockene Glühen in zwei scharfen Falten bis zur Stirn. Die schilfernde Haut zwischen den Augenbrauen. Leidenszwillinge. Ein Mitbringsel aus dem Krieg. Manchmal reißen sie Witze darüber, eine Selbsthilfegruppe aufzumachen oder so. Heute aber sind sie träge, schlürfen Kaffee und Pflaumenschnaps. Die Adria bringt keine Erfrischung hoch auf die Terrasse des Cafés. Alles kippt so schnell um in diesem August, sagt sein Freund, die Menschen, die Milch. Wieso kippt die Milch um, fragt Gospodin Prosinac. Sie wird schlecht. Ach so. Beide schauen auf die Bedienung, die im Kuchentresen herumwedelt. Die taumelnden, vor lauter Müdigkeit wütenden Wespen.

Vom Fenster des Badezimmers aus kann **Señor Diciembre** das Meer sehen. So scharf dringt die Helligkeit herein, als habe der Morgen einer Flasche Licht den Hals abgeschlagen an den Kanten der Küste. Schon hat er sich beim Rasieren geschnitten und ein paar Tropfen Blut fallen ins Waschbecken. Ein kleiner Schnitt nur, doch er flucht, denn heute muß alles perfekt sein. In ein paar Stunden wird er heiraten, der frisch gegelte Messerhaarschnitt glänzt und die Marineuniform leuchtet wie Schnee auf dem Gipfel des Wäschebergs. Vor ein paar Jahren war er ein böser Junge für ein Mädchen, nicht weit von Alicante, aber das tut jetzt nichts zur Sache. Er verschwendet keinen Gedanken daran, während er die schimmernden Knöpfe der Uniform schließt und mit einem Taschentuch den kleinen Cut betupft, aus dem immer wieder ein schmaler Streifen Blut tritt. In weißen Schleiern tanzt die Brandung. Eine dunkle Limousine fährt vor.

Im Garten unter der Bluse

Ever failed. Try again. Fail better.

Samuel Beckett

Fragemund

Müde vom Warten
formt dein Mund Fragen,
dieser fraglos schöne,
ganz leicht ins Traurige
geschwungene Mund,
Fragen formt er, die sich
nicht hinten anstellen, die
sich vordrängeln und die jetzt
herumstehen in dieser
winzigen, von Herzen
beflügelten Wohnung
wie Gäste auf einem Fest
unter dem Motto
Was du gerade denkst.
Und als seien das nicht
Fragen genug, frage ich mich,
was diesen Fragemund stillt,
ob die Farbe deiner Sprache
wechselt von Tisch zu Bett
und ob du wohl nackt bist
unter dem fragenden Blick,
den du jetzt anhast: in diesem
herrlichen Zelt dunkler Augen.

VierMinutenMai

Als habe jemand eine Brausetablette
in den Abend geworfen, so sprudelnd
war die Luft. Angeprickelt vom Wein
trugst du dein Kleid auf wie eine Speise,
aufgetischt zur Herrenvergiftung. Kaum
hatten sie davon gekostet, die Götter
Gatten in ihren verkehrsberuhigten Ehen,
riß es ihre Köpfe herum und ihre Blicke
stürzten wie Lemminge in diesen Ausschnitt
vom Mai. Wie er nachglühte im Leuchten
der Rapsfelder, in deinem Frühsommerkleid
und dem Neid, der dahinter und darüber
herzog mit Trippelschritten. Ein sanfter
Südwestwind faßte alles noch einmal
für uns zusammen: den Raps, dein Kleid,
den Neid. Die reinste Gelbverschwendung.

Schöner scheitern kann man
nicht, als der Regen an dem
Licht dieses Sommermorgens.
Da schwärmen Blicke aus, da
wollen die Finger raus in den
Garten unter der Bluse, wo
die Himbeeren leuchtend stehn.
Und hast du nicht gesehn, sind
sie gepflückt, die Dinger und die
Finger fliegen weiter hinunter
die Leiter unterm straff gespannten
Stoff des Himmels, doch an der
finstersten Ecke, kurz vor der
dunkelblonden Hecke, erwischt sie
ein geflüstertes Nein. Was bleibt,
ist Atemlosigkeit und weiches
Nackenhaar, dazu ein glühendes
Gesicht. Nein, schöner scheitern
kann man nicht.

Neuntes Glas von irgendwas

Sagen Sie, hält hier jemand einen Teebeutel
ins Licht oder wie darf ich mir diesen
bernsteinfarbenen Abend erklären? Allenthalben
Schwebefeuer, Sprechpartikel in flüssiger Luft,
Insekten eingeschlossen, Pläne, die überzogen sind
mit feinstem Futur und dann das Rascheln
der Stoffe, mit dem Frauen im Vorübergehn ihre
Auslegware vertonen. Ich gebe zu: Je geschliffener
etwas ausschaut, desto ungeschliffener red ich daher.

Aber sagen Sie selbst: Was für ein Tag!
Fegte wie eine Braut die Stunden treppab, warf
Kußhände, riß sich das Kleid an Kirschbäumen auf
Und wenn Sie jetzt ganz genau hinschauen, können
Sie gerade noch die weiße Schleppe im Westen
verschwinden sehen. Doch was red ich:
Das Gleiche noch mal, aber bitte randvoll!
Es sind noch einige Dunkelheiten zu trinken bis
zur schallenden Ohrfeige des nächsten Sonnenlichts.

Ode an die zu großen Mädchen

Schon mit sechzehn von nichts anderem begleitet
als der Frage, wie man ein Meter sechsundachtzig
elegant auf einer Treppe verteilt beim Hinabsteigen.

Und als Antwort nichts als dieses ungelenke Schlenkern
am Geländer entlang, die Arme, alles zu lang und
dennoch nicht diesem kleinen Stelzwort Anmut
gewachsen.

Stattdessen früh gefaltet von Vätern mit Komplimenten
über die Konstruktionsweise von Hochhäusern: Gebaut
wie eine Hundehütte. In jeder Ecke Knochen.

Ihr trugt das mit Fassung, einem zu Gleichmut
geronnenen Gesicht, in dem man am liebsten mit einem
Löffel umgerührt hätte, um etwas in Aufruhr zu sehen,
in Bewegung.

Aber nein. Nur manchmal ein Erröten, ansonsten
schmale Lippen und die schwere Arbeit von mehr als
vierzig Muskeln, um diesem Mund unaufgefordert ein
Lächeln abzuringen.

Unaufgefordert auch in der Tanzstunde, übrig geblieben,
dann zugeteilt dem kleinsten Foxtrottel, dessen
Glasbausteine immer auf einer Augenhöhe waren
mit kaum vorhandenen Brüsten.

Dann wurdet ihr Frauen. Bei manchen von euch
fuhr die Schönheit vor mit dem Umzugswagen.
Im Handumdrehen war gepackt. Neue Adresse:
Himmel-die-Beine-Allee 21.

Ihr anderen bliebt oder wurdet Kassiererin.
Noch heute tragen eure Nachmittage lange Kittel
und eure Finger tickern den Pulsschlag der Preise
im ewigen Rhythmus der Formel

Zu lang geraten. Zu kurz gekommen.

Strömungsforschung

Seit Jahren schon Rillenprofile
unterm Rastermikroskop,
groß angelegte Versuchsreihen
über die Fließeigenschaften
von Korksohlen oder wieviel
Wasser eine Wildlederzunge
trinken kann, bevor sie sinkt.
Dieser Aufwand, mit dem
Wissenschaftler aus Cambridge ein
seltsames Phänomen erforschen:

85% aller Schuhe, die an der
britischen Atlantikküste
angetrieben werden, sind
linke Schuhe. Irritierend isn't it?
Ein Wert weit jenseits aller
Zufallsquoten. Nicht auf einzelne
Küstenstriche beschränkt.
Nahezu identische Prozentzahlen,
ob Cornwall oder Cumberland,
Cardiff oder Blackpool.

Ganz gleich, ob es der blaue
Flip Flop eines philippinischen
Matrosen ist, ein Segeltuchschuh
mit fransigem Algenbart oder
ein süßes Nichts aus Absatz und
Riemchen: alles linke Exemplare,
verwitwet, halb versandet, von

Seepocken überzogen oder träge
treibend im Schwappwasser
zwischen den Klippen.

Mutmaßungen? Jede Menge.
Theorien über den Golfstrom,
die rätselhaften Verwirbelungen
warmer und kalter Wasserschichten.
Andere machen den Linksschnitt
der Schuhe verantwortlich, der für
ein anderes Schwimmverhalten sorgt.
Gesicherte Erkenntnisse? Keine.
Nur so viel: Es ist eine starke und
tückische Strömung da draußen.

Fast hätte sie auch mich weggetrieben
von der Frage, was mich zu dir
getrieben hat. Die sanft aufsteigende
Küstenlinie deiner Lippen? Der Sog
deiner dunklen Stimme?
Oder die Auftriebseigenschaften
des Organs, das links in meinem
Brustkorb schwimmt? Kein Grund
erkennbar. Dunkle Wirbel. Es ist eine
starke und tückische Strömung da drinnen.

Roterwerb

Das Lieben aufgeben wie das Rauchen
an einem einzigen Abend
zusehen, wie das Feuer folgt
dem Wink des Windes hinauf aufs Dach.
Soll er doch brennen wie Zunder
der Plunder, all die mit heißer Nadel
gefickten Affären, der Bullshit
der Beziehungen, sollen sie doch
hingehen und ein Brandschatz werden.
Was haben wir denn, wenn wir
die Linsen scharf stellen?

Da ist der Mann, der dich nicht freut.
Da ist die Frau, die mich nicht liebt.

Und ich sehe, wie ihr Blick ein letztes
Mal Hof hält: stolz und nordseegrün.
Ein Blick für die Götter. Und Kaiser.
Vom Balkon aus Rom in Flammen oder
Dresden in jenem furiosen Februar,
als der Atem der Spitfires aus der
Frauenkirche schlug. An einem
einzigen Abend, als jemand etwas
Glühendes wegwarf, weil er das
Lieben aufgab wie das Rauchen.

Besteckkasten-Monologe

Ich, ich bin das Messer.
Und du, du bist die Gabel.
Die Welt dreht sich um dich.
Um deinen Nabel.
Und ich? Ich weiß natürlich
alles besser.

So streiten wir uns oft.
Ich Messer. Du, die Gabel.
Ich geh dir ziemlich
auf den Sender.
Und du? Stehst permanent
auf meinem Kabel.

   Ja, sind wir denn so abgenutzt?
   Die Klingen stumpf geritten?
   Nicht mehr verletzungsfähig?
   Da hast du dich geschnitten!

Schließlich bin ich das Messer
und du die spitze Gabel.
Ich schlitz' dir eiskalt
auf den Schnabel.
Und du? Du rammst mir
deine Zinken in die Fresse.

Danach sind wir ermattet.
Ich Messer und du Gabel.
Wir liegen wie bestattet,

ein jeglicher in seinem Fach
und denken: Ach,
ist das noch reparabel?

    Wir liegen still dort und erschrocken
    fast wie in Ehebetten.
    Sind wir denn eigentlich zu retten,
    uns so was einzubrocken?

Um diese Suppe auszulöffeln,
ich Messer, du, die Gabel
sind wir, du meinst doch auch,
nicht wahr,
sind wir das ideale Paar.
Und: Ende der Parabel.

Fünf Temperamente eines Gewitters

marcato

Den ganzen Tag schon Wolken
 Schiebung auf deiner Stirn
  irgendwas ballte sich und wollte
   böse werden. Flink schossen deine
    Sätze heraus, standen Sekunden
     lang drohend und funkelnd in
      der Luft wie Libellen dann
       schwirrten sie ab zurück in den
        Streichelzoo deiner Ansichten.

crescendo

Und dann kam der Augenblick
 du nanntest ihn Wahrheit als der
  Himmel die Hände wegnahm
   und sein ganzes blauschwarz
    geschwollenes Gesicht enthüllte
     aus der Fassung geprügelt gezeichnet
      von Niederschlägen die bald kommen
       würden und deine Blicke zuckten nervös
        wie die Wurfmesser noch ferner Blitze.

fortissimo

Ich liebte diesen zum Zerreißen
  gespannten Moment in deinem Gesicht
    kurz bevor es losprasselte wenn der Wind
      die Bäume noch einmal bei den Jacken
        Aufschlägen packte und schüttelte, wenn
          alles hochkam der Asphalt paniert von Hitze
            und Staub auf der Zunge, wenn die dicken
              Tropfen fielen und dein Make-up zerlief
                unter den ersten wüsten Flüchen des Donners.

furioso

Auf einen Wink von dir brach es los
  das Orchester von Blitz und Donner
    der Vorhang des Regens bauschte sich
      auf es schüttete Vorwürfe ich zog die
        Kapuze hoch es half nicht ein Schimpfwort
          nach dem andern fiel unter meinem Namen
            tanzte wirbelnd den Rinnstein entlang während
              dir schon vom Horizont drüben ein Streifen
                wespengelben Lichts verräterisch zuzwinkerte.

decrescendo

Wie das Licht dich schön
    redete nach dem Donnerwetter
        und ich bestechlich bis ins Mark
            hingerissen wie du hingegossen
                in diesem ärmellosen Kleid
                    die Beine übereinanderschlugst
                        und wie dein Haar eintauchte
                        ins Blattgoldgeschehen
                            dieses späten Juniabends.

Nicht zu vergessen

Der erste Schluck Coca Cola
oder wie den Ohren Kashmir zustieß
von Led Zeppelin.

Der Ausdruck in den Augen
des Vaters, als er das Holzgeländer
des Vermieters mit der Axt zerschlug.

Ach und der Schrei im Bahnhof
von Düsseldorf, als der Betrunkene
zwischen Bahnsteigkante und Zug fiel.

Drei, vier Erinnerungen, aus denen man
im Innersten zusammengenagelt
ist wie eine Bretterbude.

Nicht zu vergessen das stille holländische
Mädchen mit dem Jungenhaarschnitt.
Und ihr Zungenkuss.

Nachmittag einer Kindheit

Flügelschlag des Erinnerns:
  Libellen, blaue Nadeln
  die ein zerrissenes Bild
zusammenflicken:

Die von der Hitze
  aufgemeißelten Nachmittage
  in der Tongrube bei der
  stillgelegten Ziegelei

wo es nach Brennesseln roch
  und Pisse. Ringsum Tümpel, Teiche
  dazwischen der Junge
  auf der Suche nach Fossilien.

Selten fündig: ein Ammonit,
  in Pyrit gebrüht, mit viel Glück
  eine handtellergroße Muschel
  Trigonia genannt, ihr Verschluß

erinnerte ihn an etwas, das
  er noch nie gesehen hatte.
  Ein Blinzeln später
  intensive Forschungsarbeiten

an Mädchen: Einmal hätte er
  vor Überraschung fast laut
  Trigonia geschrieen, aber auch das
  vor Millionen Jahren:

im Oberen Jura der Kindheit.

Abzug in matt

Der Abend war ganz einfach
ohne mich in die Stadt gegangen.
Er hatte die Mädchen
mitgenommen ohne zu fragen
die Autoschlüssel von der Terrasse
aus wurde ich Zeuge wie er
ganz langsam das Tageslicht
erdrosselte.

Später schlief ich mit dir
durchs offene Fenster
sah ich die Laserfinger der
Diskotheken den Himmel abtasten
ein matter Abglanz von Größe
und dann schob irgendjemand
den Regler hoch für den Einsatz
der Bässe.

Besuch im Schmerzzentrum e.V.

Bist du das neben diesem Sonntag
in seinem blau geblähten Hemd,
das er weit offen trägt, damit er die
Wolken darunter rasch durchwinken kann.

Bist du das, die da ihre Mundwinkel
in ein Lächeln stemmt,
das schief ist, damit die Seele
leichter in den Trübsinn rollt.

Aber wohin denn leiden an diesem
leuchtenden Tag, der eine Spur
zu aufgedonnert ist für einen gewöhnlichen
Sommer, der mit vollen Händen den
Klatschmohn an die Autobahnböschungen
wirft und dem abends, als er ausgehen will,
der Lippenstift zu einem Sonnenuntergang
verrutscht, der jeder Beschreibung spottet.

Bist du das wirklich, die beleidigt an die
Sollbruchstelle ihres Herzens greift,
wenn er dich anfährt und fragt:
Ja, wovon lieben Sie eigentlich?

Elbrausch

Der Tor-zur-Welt-Zyklus

Longing, we say, because desire is full
of endless distances.

Robert Hass

Elbrausch

Ich weiß nicht mehr, wer von uns
das Zweifellos zog
oder was den Ausschlag gab:

dein ärmelloses Top,
mein nasses, verschwitztes Haar
oder der gut gekühlte Trost, jedenfalls:

Bei der Herzausschüttung des Abends
fiel der Hauptpreis auf uns: eine Reise
zum Hafen – St. Pauli Fischmarkt.

Und wirklich: Bei jedem deiner Schritte
glänzte das Kopfsteinpflaster
wie die Schuppen frisch gefangener Lachse.

Wir standen lange an der Mole, schauten
hinaus mit Blick auf die Docks und
ich erzählte dir etwas von mir.

Manchmal fuhr eine Barkasse dazwischen,
die müde Männer zur Schicht schob, dann
starrten wir gebannt auf die Bugwelle:

Wir hatten einfach keine Namen für das,
was auf uns zukam. Also nannten wir's
Elbrausch wie die Bar nebenan,

die uns mit offenen Fenstern empfing.
Der Barkeeper fuhr Wein auf, sein Weib
und Gesang und diese lippenstiftrote Visitenkarte.

Doch wir hatten nur Hände und Lippen für uns,
nur Lippen und Hände, die Stunden
flogen nur so zwischen ihnen dahin,

bis die Stimme der Barkeeperfrau
jeden, aber auch jeden Beatles-Song
zum Zerspringen gebracht hatte.

Danach standen wir wieder am Hafen:
Du und ich und diese verzweifelte Zärtlichkeit.
So nah am Wasser gebaut.

Die Kräne von Blohm & Voss verluden schon
die Helligkeit des nächsten Tages, dabei muß
dir ein kleines Stück mitten ins Gesicht gefallen sein,

fast hätt' ich das entsicherte Blau deiner Augen
für einen Morgenhimmel gehalten.
Oder die sanfte Eröffnung des Regens.

Das Septemberlicht legte dir einen Schal
aus feinstem Violett um Kopf und Schultern,
während wir uns langsam, ganz langsam

ein Taxi herbeiküssten.

Kleine Kritik der reinen Vernunft
(und wie man sie umgeht)

Der gute Vorsatz der Vernunft
reicht meist vom Ausgang des Lokals
bis zur nächsten Ampel.
Dann folgt der Hauptsatz:
Wir wissen beide, daß das nicht geht.

Doch wir stehen da, verküssen
die Rotphase, verküssen die Grünphase.
Wir wissen beide, daß das nicht geht.
Doch mit jedem Kuß stoßen unsere Köpfe
feierlich auf die Vernunft an.

Wie ich mit dir, wie du mit mir umspringst
von Rot auf Grün auf Rot:
Wir wissen beide, daß das nicht geht.
Doch da ist gerade wieder Grün.
Komm, gehen wir. Und wir gehen.

Schnittstellen

Zuerst hab ich sie einfach falsch gelesen,
hielt sie für Spuren einer Gürtelschnalle,
diese beiden frisch gekerbten Linien
auf deinem Bauch, leuchtend rot,
parallel geschwungen unterm Nabel,
zwei hinreißende Betreffzeilen zum Thema
Schmerzauslöschung durch Schmerz.

Hätt' ich sie anders nennen sollen?
Schrammen etwa? Als wäre damit
die Sache geritzt, als wär es klar,
wie es sich anfühlt, wenn der Ehrgeiz
der Scherbe dahin geht, wo die Haut
am weißesten ist und am weichsten.

Hätt' ich dich fragen sollen,
wie es ist, wenn das Blut hervortritt?
Die Erleichterung, sich selbst zu spüren,
den Druckausgleich zwischen dem,
was von außen kommt und dem,
was man innen anhat.

Nichts von dem hab ich getan,
als ich die Zeilen richtig las,
mit Fingern las und Lippen.
Nur kurz zu dir hochgeschaut
hab ich, und weißt du: Ich liebte dich
für jedes einzelne Wort,
daß du nicht dazu sagtest.

Aquamarin

All die hellen Himmel Hamburgs
eingefangen in diesem winzigen Steinsplitter,
der deinen Nabel durchbohrt.
Den Nabel, der die Welt bedeutet oder
hanseatisch gefaßt: das Tor zur Welt.
Einer Welt, die für mich, kaum hatte ich
das blaßblaue Leuchtfeuer ihres Tores passiert,
schon zwei Handbreit tiefer begann.

Famous green planet

Natürlich ging es immer um Eroberung
  wenn wir hier einfielen
auf diesem Planeten, angezogen
  von der Schwerkraft
seiner grünen Materie.
  Seine Koordinaten:
53,33° nördlicher Breite
  9,59° östlicher Länge
exakt 258 Lichtjahre entfernt
  genau da, wo Himmel und Erde
also Milchstraße und Schedestraße
  sich kreuzen.

Natürlich ging es immer um Invasion
  wenn wir hier landeten
um den Einsatz der Lustwaffe
  fliegende Finger schwebten
ein im Anflug auf Knopfleisten
  Klettlaschen Reißverschlüsse
zarteste Kampfhandlungen,
  sanfte Übergriffe
und doch: hart im Nehmen
  wie im Geben, jeglicher Stoff
zum Zerreißen gespannt, auch der
  Sauerstoff, denn

Natürlich ging es immer um Atemnot
  wenn wir uns küssten
mit wieviel Geduld dieser Planet

unsere Ungeduld ertrug
er hatte dich kommen und mich gehen
    sehen, er hatte gehört, wie
mein Name fiel, gespürt, wie Same
    zerfiel zu Zucker, Eiweiß, Stärke
in seinen Schluchten fanden sich Ohrringe
    Salzkörner, Rotweinflecken, wir
tranken oft auf ihn, auf deinen und meinen
    Himmelskörper, denn

Natürlich ging es immer um Eroberung
    aber doch nie um die Eroberung dieses
berühmten grünen Planeten
    den du dein Sofa nennst.

Blick von der Brüstung

Wenn mein Mund geahnt hätte
   wohin meine Augen zuerst
schauten, als sie dich erblickten
   hätte er sie gewarnt
vorausgesetzt natürlich
   meine Augen hätten Ohren
gehabt in diesem Moment,
   was ich nicht glaube
mal ganz abgesehen davon
   daß er stumm blieb
weil deine tief geschnittene
   Bluse ihn sprachlos machte.

So aber lehnten meine Blicke
   sich weit über deine Brüstung hinaus,
verloren das Gleichgewicht
   und stürzten hinab
in die Klamm zwischen
   deine atemberau... ach
du siehst, mein Mund versagt
   noch immer seinen Dienst
aber das macht nichts, du kennst sie,
   schließlich sind es ja deine,
meine Blicke aber fielen
   weiter und fielen

und noch im Fallen fielen ihnen
   die Sätze ein, aufgeschnappt
aus den Fenstern der Eisenbahnzüge

ausgesprochen klare Sätze
in vier Sprachfarben, wunderbare
   Warnungen vor allzuviel Neugier:
Bitte nicht hinauslehnen.
   Do not lean out.
Ne pas se pencher au dehors.
   Die Blicke aber fielen weiter
bis meine Augen schließlich
   aufschlugen: inmitten deiner

doppelten Atemberaubung
   mein Mund jedoch blieb offen
stehen vor der Schönheit
   der vierten Sprachfarbe
einem Satz, gemeißelt aus feinstem
   Italienisch: *E pericoloso sporgersi.*
E pericoloso sporgersi.
   E pericoloso sporgersi.
Jetzt, da für meine Blicke
   alles zu spät war, wurde
mein Mund nicht müde
   die Warnung zu wiederholen.

Dunkles Album

In diesen – ich hab nachgezählt – 111 Tagen
gemeinsamen Überschwangs gelang es uns, ein gutes
Dutzend Nächte einzuspielen, Nächte wie
gefilmt von Antonioni,
        gesungen von Aimee Mann,
                genäht aus schwarzem Samt: Nächte,
die bis zu den Ellbogen reichten wie die Handschuhe
von Rita Hayworth.
Nächte, in denen das Licht einen Moment lang zögerte,
bevor es
die Höfe betrat,
        die Höfe deiner taumelnden Brüste,
                neugierig und schüchtern zugleich.
Nächte waren das, keine sternvernickelten Prachtbauten,
Dunkelheiten gab es, in denen ich mich heimwärts
tastete auf der Autobahn,
die Ohren noch immer besetzt vom traurigen Freizeichen
deines Herzens.

Doch wann immer du dich über mich beugtest und dein
Zelt aufschlugst aus weichen, nackten Schultern und
diesem kaffeebraunen Haar,
das sich darüber ergoss
        mit ein paar Strähnen Milch,
                meinte ich, spätestens jetzt müsse
ein Gitarrensolo einsetzen oder ein Flügelhorn seine
Stimme erheben.
Ach, unsere Zeit zu zweit hätte ein Album herausbringen
sollen mit Shawn Colvin

an der akustischen Gitarre
und Jeff Buckley am Mikrophon
für die dunkleren Augenblicke. In der letzten Nacht
sagtest du diesen einen Satz über namenlose – ach was –
narbenlose Liebe:
Das Schöne ist, wir haben uns nicht wehgetan.

In diesem Satz war so viel Raum zwischen den Worten.
Genug Raum, um darin zu verschwinden und ich weiß
noch, auf dem Weg zum Auto
fiel plötzlich diese
böse Basslinie ein,
lief nebenher,
begleitete meine Schritte und unterlegte schließlich
deinen Satz mit einem tief knurrenden:
Nicht einmal dazu waren wir fähig.

Verloren gehen

Moment I

Wie dein schwarzer Pullover
   einen Raum erhellen
konnte, selbst
   diesen Hausflur: du
auf dem Treppenabsatz
in verwaschenen Jeans
   leicht betrunken: ich
     völlig durchnässt
von der offenen See einer
Hamburger Dezembernacht.
   Wie ich andockte zwischen
diesen ausgebreiteten Armen
  an deinem warmen Mund:
dieser Moment, als
   dein schwarzer Pullover
  mich heimleuchtete.

Moment II

Wie der Wind dich öffnete
    deinen Mantel, deine Haare
wie er deinen Blick aufschloß
        für eine Zukunft
in der ich nicht vorkam.
    Dieser Moment, als
        ich begriff:
Ich hatte nichts
                dagegen
    konnte ich nichts
    tun.

Das Leichte und das Schwere

Es ist nicht leicht: die Schwerelosigkeit
der Mails und deiner Sätze,
die unverändert sind betreffs
der Kosenamen und Zitatenschätze.
Zum Schluß signierst du schnell
mit einem Abschiedskürzel: hdl.
Und doch: Die Liebe
hat jetzt andere Speicherplätze.

Wie manche Bilder sich doch schwerer
noch in die Erinnerung krallen:
Ist dieses Alster-Blesshuhn nicht
der uncoolste Wasservogel von allen?
So fragtest du beim Abschied nehmen müssen
und beim Küssen
wärst du mir fast in ein
Gepäckschließfach gefallen.

Kein großer Trennungsschmerz. Kein Leid.
Keine Erregungskurven, die abflachen.
Stattdessen Schwebestoffe, flüchtig zwar,
wie alle Herz- und Nebensachen.
Doch was wir hatten, kennt kein Ende,
nur andere Aggregatzustände.
Das Schwerste war es doch,
es uns so leicht zu machen.

Mr. Bonham schlägt auf

In my time of dying
don't want nobody to mourn.

Led Zeppelin

I

Die Stille. Und wie Jimmy Page
ihr den Buckel runterrutscht
auf der Fender Slide.

Die Hand am Hals, den Ringfinger
im Metallröhrchen, hinunter ins
Tal des offenen Akkords.

Dann schlendert der Bass hinzu:
Mr. Jones, ein lässiger Begleiter
auf dem Weg zum ersten Schlag von

In My Time Of Dying.
Doch halt. Noch sind wir nicht
beim Sterben. Spul das Band zurück.

II

Zurück zum 31. Mai 1948: ein Tag,
der den Augen entgegenfliedert,
hier in der Graftschaft Worcestershire,

im sanften Herzen Englands,
ein Tag, an dem im Hospital von Redditch
ein Junge zur Welt kommt: John Henry Bonham.

Sein Herzschlag flattert, der Stationsarzt
betrunken, den Krankenschwestern gelingt es
schließlich, ihn zu stabilisieren.

Verstolperter Takt gleich zu Beginn.
Nein, niemand hat ihm an der Wiege gesungen
einmal Schlagzeuger zu werden.

III

Dann der erste Schlag: ein Hieb
in die Magengrube mit der Bassdrum,
Oh, my Jesus! die Stimme von Robert Plant

und dann rumpelt der Song los,
die Drums hinterher, eisenbeschlagene
Stiefel, die eine Holzstiege hinunterpoltern.

Keiner hat diese Wucht, diesen Killerfuß,
keiner schlägt die Felle mit den Händen
härter als mit Sticks.

Natürlich Polyrhythmik, Vierstocktechnik,
natürlich Wirbel, Triplets, Snare und Hi Hat,
vor allem aber der unbedingte Wille,

dieses Sterben, diesen rohen 11-Minuten-Blues
mit krachenden Beats zu begehen,
das durchzustehen, ach was, zu -stampfen.

IV

Wir sehen den Zeppelin im Zenit,
das Mutterschiff des Rock.
Wir sehen vier Herren abheben

im Lear Jet von Auftritt zu Auftritt.
Ja, man braucht jetzt schon ein eigenes
Flugzeug, um von einem Punkt des Egos

zum andern zu kommen. Auch Mr. Bonham
fliegt seine Persönlichkeiten ab: vom
Schlagzeuger zum Rockstar, zum Gutsbesitzer,

Rinderzüchter, Stockcar-Fahrer, Dragster-Racer,
zum sanften Ehemann und Vater, der seinem
kleinen Sohn das Schlagzeugspiel beibringt.

Auf Tour aber ein Vieh von einem Mann:
ein Säufer, Hool, solider Schläger,
never afraid of a knock.

V

Hören. Wie etwas ins Schleudern kommt
auf der Fender Slide. Wie die Gitarre das Ende
vorwegnimmt, den Absturz des Ikarus:

If my wings should fail below,
please meet me with another pair.
Sterbenszeit: eine Nacht im späten September.

Es braucht 40 Wodka und ein paar Biere, um
diesen Kerl aufschlagen zu lassen auf dem Kissen
und dann: dieses klägliche Ersticken an Erbrochenem.

Mr. Bonham – ein Schlagzeuger, der Schläge zeugte
wie kein anderer, ein Vieh von einem Mann,
grob und doch: feine Innenausstattung.

In My Time Of Dying. Fast als letzter der vier
steigt er ein bei diesem Song. Und als erster
steigt er aus. Aus diesem Lied. Aus dieser Band.

Aus diesem Leben.

Den Rest besorgen die Kehrmaschinen

Ohne weggegangen zu sein, ist man
schon nicht mehr da.

Nikolai Gogol

Tussis voraus, sagt Murat rückwärts
lenkt er gegen den Strom
der Lichter und Leon parkt ein
Lächeln in den Augenwinkeln, als
er hinschaut und tatsächlich:
Ein halbes Dutzend plustert sich
auf der Reling des Autoscooters,
der Beat aus den Boxen läßt
ihre schmalen Becken federn
und die göttliche Hand, die einst
das Meer teilte, teilt auch die
Flut von Jeans und T-Shirt für eine
Schneise nackter Haut, die reich
verziert ist von blauen Lenden
Stickereien, eine bezaubernde
Ausstellung keltischer Kaltnadel
Radierungen und die Strings
fädeln die Blicke der Jungs auf
im Vorübergehen zur Schau
gestellt auch dem Schausteller
einem harten, knochigen Mann
mit tätowierten Händen, LOVE
auf den Fingern der einen, die
andere behauptet das Gegenteil
und keiner weiß, in welcher
Hand er sein Leben hält oder
welche es ist, die nach der
Stange greift, der Stange eines
vorbeigleitenden Autos, und an
der jetzt für einen winzigen
Moment die Knöchel weiß hervortreten.

Tage mit Schalldämpfer

Da steht sie und flattert
   im Schneelicht am Fenster
steht sie und flattert
   während hier draußen die
Wintermäntel vorbei
   wehen wie lautlose Krähen
steht sie und flattert
   mit ihren Contergan-Flügelchen
steht und fällt
   und möcht' Schlitten fahrn.

Kongreß der Existenzgründerinnen

Kampffische in Erregung, in einem Glas
Prosecco perlt mehr Hoffnung als im
ganzen Johannesevangelium.

Gesprächsstoffe fließen treppab, begleitet von
Hosenanzügen, immer ein wenig zu groß für
die zierlichen Ideen, die darin stecken.

Münder wie Schnittwunden. Kaum stiften die Lippen
einen Satz Zuversicht, biegen ihn die Mundwinkel
in die Enttäuschung zurück.

Aber dann, auf ein Blitzlichtkommando
schmettern sie ein Start up-Lächeln hin
und alle Daumen gehen hoch.

Das Wort hat der
Gebärdendolmetscher für
das innere Gretchen.

Die Eidechse

Im toten Winkel des Wimperngartens sonnt sich
eine Eidechse auf der Krankenhaustreppe,
um sie herum blüht violett die Ballonseide,
das läßt die Gelbtöne am Hals besser hervortreten,
den prächtigen Faltenwurf der Haut,
wo es leise pulsiert in der flirrenden Luft,
der Lichtüberflutung, aber: kein Blinzeln,
nur ihr halb geöffnetes Maul, als hole sie Atem
wie sie eine Fliege schnappt im nächsten Moment
der Mittagshitze, die nur befeuchtet wird
vom perlenden Takt des fahrbaren Tropfs,
ihr Kehlenflattern, als sie stattdessen die Atemnot
aus der Tasche holt: ein Päckchen Marlboro
Leid, das sich mit hohlen Wangen durch die
Züge zieht, als sauge die Zigarette an ihr,
das Gesicht eine einzige glühende Kippe.
Was drückt es aus und vor allem: wer?

Konzert für Einzelzimmer und Sopran

Der Tod macht dir dein Make-Up
und feiner, als du je gekonnt
legt er dir dunkelblaue Schatten
um die Augen.

Bereit zum Ausgehen?
Jetzt noch nicht, sagst du
und wendest die Kassette
im Rekorder.

Spult man zurück, so starb
die Sportlerin zuerst, die Springerin
dann die Sängerin, zuletzt
die Diva. Die Diva zuletzt.

Jetzt verteidigt der Körper nichts
als sich selbst. Oder das, was
OP-Nähte und Schmerzmittel
zusammenhalten.

Nach jedem winzigen Schluck
aus dieser Tasse Tee sinkt
dein Kopf aufs Kissen zurück.
Selbst Schlaf ist harte Arbeit.

Mag dir ein leuchtender September
auch seine letzten Tage
hinblättern wie Geldscheine,
du willst nicht hinaus in den Park.

Denn es sind deine letzten Tage
und du lauschst dem Gesang
vom Band, einem Sopran,
den du selbst nicht mehr hast.

Zimmer. Dämmer. Dämmerzimmer.
Das Licht macht immer
kürzere Schritte. Und deine Stimme:
Heruntergedimmt zum Flüstern.

Noch hebt und senkt sich dein
Brustkorb im Takt, bis er eines
Morgens anhebt zu diesem einen
großen Solo ohne Begleitung.

Gott hatte eine gute Rückhand
in jenem Sommer neunundachtzig.
Knapp strichen die Getäuschten über
die Netzkante, die Gehetzten und
Geheuchelten, über die Netzkante
aus Eisen strichen sie, zückten ihre
passwords *belogen* und *betrogen*
und wir, naturtrüb im Schädel und
Hardware im Herzen, wir hieltens für
Fernweh, als die Botschaften platzten
und aus allen Umlaufbahnen Trabanten
zu uns hereinschwebten. Wir machten
einen Riesenriß und merktens nicht
an unseren palmenverseuchten Stränden,
geschwenkt von einem Abendlicht aus
mildem Bourbon. In jenem Sommer:
Da fing es an. Da hat man Deutschland.
Verdammt und zugenäht.

Fall. Studie

Zu der Zeit lebten Sommer und Herbst schon getrennt.
Der Sommer war nach Süden gezogen
und der Herbst ein hoffnungsloser Spieler.

Was also scherte sie ihr mißratener Sohn September?
Der trieb sich in den Straßen herum und war
in jenem Jahr ein finsterer Kerl geworden.

Mochte der Sommer ihm auch helle Trauben aus Italien
schicken, er sandte Staffel um Staffel
dunkler Wolken in die Hügel ringsum.

Dort blieben sie hängen und schürften sich die Bäuche
auf. Regen platzte heraus, noch bevor
die Buchen ihre gelben Zelte aufschlagen konnten.

Eines Morgens zündete er sich einen gasflammenblauen
Himmel an und warf mit Flugzeugen um sich, daß die
Weltbilder und Werbeblocks nur so durcheinanderflogen.

Danach, so sagten alle, war nichts mehr wie vorher. Also
alles wie immer. Nur der Herbst hielt einen Moment lang
inne, dann flipperte er weiter mit Kastanien und Nüssen.

Liste kleiner Traurigkeiten

Der zu kurze Haarschnitt.
Das Schreiben des Anwalts.
Die Stimme von Lucinda Williams,
wenn sie um die Ecke eines
Abends biegt. Ach ja, der
Kaffeebecher mit dem Aufdruck
Autocentrum Rahlstedt, die
sommersprossenübersäte Schulter
und ihre Unerreichbarkeit am
anderen Ufer des Bettes.

Wunderbar kannst du das aufzählen,
zählst das auf, ohne mit der
Wimper, du weißt schon, aber
gerade jetzt, beim Aufschneiden
der Tütensuppe, erwischt es dich.
Du liest die Packung und es
ruckt in der Kehle, die Augen
brennen, du liest noch einmal
und es erwischt dich, erwischt
dich mit einem einzigen Satz:

Bitte heißes Wasser hinzufügen.

Der Rest ist Narbensache

Alles was danach kam, war eine Kugel
Luft, die ich herumschob im Mund zwischen
den Lippen Messer, aufgeschnappte Sätze,
die nicht heilen wollten. Ein kahlköpfiger
Dezember schlürfte das letzte Licht
aus den Nachmittagen und kaum war es
dunkel, schüttelte er Pakistanis aus
dem Handgelenk, um Rosen unters Volk
zu schleudern. Schweigen sagtest du
ist die schönste Narbensache der Welt
und fuhrst mir über den Mund, hinter
dem Worte ungeklärter Herkunft lagen
und auf der Zunge wir drei: du und ich
und die Angst vor allem, was danach kam.

Große Kreuzung nachts um vier und der Regen
läßt nach wie der Glaube, daß in dieser Stunde
das eigene Dasein von irgendetwas anderem
zusammengehalten wird als diesen beiden
Sakkoknöpfen. Den Rest besorgen die
Kehrmaschinen. Eine Zeitung überquert
zögernd die Straße und kümmert sich nicht
um die Lichtkommandos der Ampel, die hier
für nichts und niemanden Überstunden macht.
Ihr zulieb halt ich auf rot den Atem an, während
der Regen im Rinnstein rauscht. Käme jetzt einer,
käme einer daher und fragte nach dem Weg
dem einzigen Weg, den ich wüßte, ich zeigte mit
ausgestrecktem Arm in die erstbeste Richtung
und sagte: Den Bach runter? Hier entlang!

Samstag der Selbstmörder

Lief ein Lied an jenem Morgen,
einen Lidschlag vor Augenaufgang,
ein Lied mit einer Botschaft,
vorwärts gespielt rückwärts geflüstert,
rief ein Lied dazu auf, aus einem
Entschluß einen Schluß zu machen
auf Schienen oder Autobahnen,
von Brücken auf viel befahrene Strecken,
jedenfalls: Es war kein Durchkommen
von A nach B. Die Züge blieben stecken,
die Autos im Stau nach Süden, blockiert
von Lebensmüden mit einer Botschaft.
Selbst abends, als ich abschalten
wollte, fragte mich mein Programm:
Wollen Sie wirklich beenden?

Anmerkungen des Autors

Isarbrücken, Seite 26

Der Gedanke, daß man den Frauen, die man geliebt hat, nie wieder begegnen kann, weil sie nicht im Raum gelebt haben, sondern in der Zeit, bezieht sich auf ein Zitat von Marcel Proust aus seinem Werk „Auf der Suche nach der verlorenen Zeit". Einige Zeilen sind von Gedichten Gerhard Falkners inspiriert.

Am Rande des Sagbaren, Seite 35

Den Titel verdanke ich einer Formulierung von Matthias Politycki.

Preußische Lautverschiebung, Seite 38

Prinz Emil August römisch zwo ist der Name einer Figur, die Hanns Dieter Hüsch in einer seiner legendären Synchronisationen für Filmepisoden von Laurel & Hardy erfunden hat.

December Tapes, Seite 49-58

Da die Monate – und damit auch der Dezember – im Deutschen ausnahmslos den maskulinen bestimmten Artikel aufweisen, haben die hier versammelten Stücke ausschließlich männliche Protagonisten, die wechselnde europäische Identitäten und Schicksale verkörpern.

Neuntes Glas von irgendwas, Seite 64

Die Wendung „die Ohrfeige des nächsten Sonnenlichts"
geht auf eine ähnliche Formulierung in Albert Camus'
„Der Fremde" zurück.

Roterwerb, Seite 69

Mir ist bewußt, daß in der Dresdener Bombennacht im
Februar 1945 keine Spitfire-Jäger, sondern hauptsächlich
Lancaster-Bomber zum Einsatz kamen. Der Name ‚Spit-
fire' fügt sich hier aber besser in das Bild des sich ausbrei-
tenden Feuers ein.

Famous Green Planet, Seite 86

Die Formulierung, daß ‚Same in Zucker, Eiweiß, Stärke
zerfällt', hat Gerhard Falkner in abgewandelter Form in
seinem Gedicht „Tribeca" erstmals gebraucht.

Dunkles Album, Seite 90

Auch die Grundidee, daß eine gemeinsame Zeit ein Album
herausbringen könne, stammt von Gerhard Falkner, der sie
in seinem Langgedicht „Gegensprechstadt" allerdings mit
anderer Besetzung vorstellt.

Mr. Bonham schlägt auf, Seite 97-101

Dieses mehrteilige Gedicht bezieht sich auf einen einzigen
Song von Led Zeppelin: Das 11minütige „In My Time Of

Dying", das auf der Doppel-LP „Physical Graffiti" 1975 zum ersten Mal veröffentlicht wurde. Über die Todesursache von John Bonham gibt es mehrere Spekulationen. Manche Biographen machen eine massive Alkoholvergiftung für seinen Tod verantwortlich, die meisten aber sehen einen Erstickungstod infolge von Erbrechen als wahrscheinlichste Ursache an.

Konzert für Einzelzimmer und Sopran, Seite 109

Das Gedicht ist der Sopranistin Ulrike Gehrold, die einige Gedichte von mir vertonte und die im Oktober 2000 nur 29jährig an einer heimtückischen Krankheit starb, in herzlichem Gedenken zugeeignet. Die erste Strophe ist ein Sampling aus dem Poem „The Grand Finale" von Patricia Storace.

Der Rest ist Narbensache, Seite 114

Der Titel ist einer Tagebuchnotiz von Gerhard Falkner in seinen poetischen „Aufzeichnungen aus einem kalten Vierteljahr" entlehnt.

Die Gedichte „**VierMinutenMai**", „**Preußische Lautverschiebung**" und „**Schöner Scheitern**" sind schon auf dem Hörbuch „Frauen. Naja. Schwierig." (Hoffmann & Campe, 2005) veröffentlicht worden, das ich gemeinsam mit Steffen Jacobs und Matthias Politycki aufgenommen habe. Diverse andere Gedichte sind bereits in Zeitungen, Zeitschriften, Jahrbüchern und Anthologien erschienen.

Inhalt

Aus diesem Licht könnten Lachse springen

Winterschlußverlauf 9
Nordseewinter 10
Teestunde mit Schlachtschiffen 12
Hamburger Weltmärz 13
Schlechte Laune vor reizvoller Landschaft 14
Wach werden in Wismar 15
Ultra Marin 16
Der August und andere Zierfische 18
Zeitlooping 20
Amrum, Teehaus Burg 22

Unbehandelte Sehnsucht
Syben Mynchener Lybesgedychte

Bavariaring 25
Isarbrücken 26
Arcisstraße 28
Hohenschwangau 29
Marienplatz 30
Englischer Garten 31
Stachus 32

Elefanten im Paul Celan-Laden

Am Rande des Sagbaren 35
Herunter Kommen 37

Preußische Lautverschiebung 38
Nachtflug 39
Anwenderfehler 41
Über die Sortenreinheit von Weltbildern 43
Der aufgeschnappte Satz 45
Einmarsch der Elefanten 46

December Tapes

Dom Diciembre 49
Mr. December 50
Signor Dicembre 51
Herr Dezember 52
Towarisch Decjabre 53
Monsieur Decembre 54
Mijnheer December 55
Herre December 56
Gospodin Prosinac 57
Señor Diciembre 58

Im Garten unter der Bluse

Fragemund 61
VierMinutenMai 62
Schöner scheitern 63
Neuntes Glas von irgendwas 64
Ode an die zu großen Mädchen 65
Strömungsforschung 67
Roterwerb 69
Besteckkasten-Monologe 70
Fünf Temperamente eines Gewitters 72

Nicht zu vergessen   75
Nachmittag einer Kindheit   76
Abzug in matt   77
Besuch im Schmerzzentrum e.V.   78

Elbrausch
Der Tor-zur-Welt-Zyklus

Elbrausch   81
Kleine Kritik der reinen Vernunft   83
Schnittstellen   84
Aquamarin   85
Famous green planet   86
Blick von der Brüstung   88
Dunkles Album   90
Verloren gehen   92
Das Leichte und das Schwere   94

Mr. Bonham schlägt auf

I   97
II   98
III   99
IV   100
V   101

Den Rest besorgen die Kehrmaschinen

Tussis   105
Tage mit Schalldämpfer   106
Kongreß der Existenzgründerinnen   107

Die Eidechse   108
Konzert für Einzelzimmer und Sopran   109
Gott hatte eine gute Rückhand   111
Fall. Studie   112
Liste kleiner Traurigkeiten   113
Der Rest ist Narbensache   114
Große Kreuzung nachts um vier   115
Samstag der Selbstmörder   116

Anmerkungen des Autors   117

Hellmuth Opitz, geboren 1959, lebt in Bielefeld. Veröffentlichungen im Pendragon Verlag: „An unseren Lippengrenzen", Gedichte, 1982; „Entfernungen, Entfernungen", Gedichte, 1984; „Die Städte leuchten", Ein Zyklus, 1986; „Metro", Notizen aus der Pariser Unterwelt, 1987; „Lonsky", Shortstory, 1988; „Die elektrische Nacht", Elf erotische Gedichte, 1990, „Engel im Herbst mit Orangen", Gedichte 1996, „Gebrauchte Gedichte", Poesie aus zwanzig Jahren, 2003, „Engel im Herbst mit Orangen", Gedichte, 2. erweiterte Auflage 2006.
Hörbücher: „Gebrauchte Gedichte", vorgetragen von Hellmuth Opitz, 2004; „Frauen. Na ja. Schwierig", zusammen mit Matthias Politycki und Steffen Jacobs, Hoffmann & Campe, 2005.

Veröffentlicht im Pendragon Verlag
Günther Butkus, Bielefeld 2006
© Copyright by Pendragon Verlag, 2006
Alle Rechte vorbehalten
Umschlag & Herstellung: Uta Zeißler, Bielefeld
Lektorat: Patricia Pasic
Satz: Pendragon Verlag auf Macintosh
Gesetzt aus der Garamond
ISBN 10: 3-86532-051-1
ISBN 13: 978-3-86532-051-3
Printed in Germany